FRAUDE SUR L'ALCOOL

PROJET DE LOI DE M. POINCARÉ

Sur la Réforme de l'Impôt des Boissons

OBSERVATIONS

en ce qui concerne spécialement le vinaigre

PAR

A. GUILLEMIN

ANCIEN ÉLÈVE DE L'ÉCOLE POLYTECHNIQUE — INGÉNIEUR CIVIL DES MINES

FABRICANT DE VINAIGRE

JOINVILLE (Haute-Marne)

PARIS
IMPRIMERIE NOUVELLE (ASSOCIATION OUVRIÈRE)
11, RUE CADET, 11

1894

FRAUDE SUR L'ALCOOL

PROJET DE LOI DE M. POINCARÉ

Sur la Réforme de l'Impôt des Boissons

OBSERVATIONS

en ce qui concerne spécialement le vinaigre

PAR

A. GUILLEMIN

ANCIEN ÉLÈVE DE L'ÉCOLE POLYTECHNIQUE — INGÉNIEUR CIVIL DES MINES

FABRICANT DE VINAIGRE

JOINVILLE (Haute-Marne)

PARIS

IMPRIMERIE NOUVELLE (ASSOCIATION OUVRIÈRE)

11, RUE CADET, 11

1894

EXPOSÉ

En 1888, j'ai présenté quelques observations sur la partie du rapport de M. Yves Guyot relative à l'industrie des vinaigres.

Le projet de M. Poincaré s'occupant également de cette industrie, mais avec d'autres bases, j'ai dû modifier sensiblement les conclusions de ma première étude.

Fabricant de vinaigre depuis près de vingt ans, je crois avoir quelque compétence en la matière.

J'examinerai brièvement la question de la fraude sur l'alcool en indiquant :

L'importance actuelle de cette fraude.
Ce qu'elle deviendra avec le projet proposé.
Les moyens à employer pour la réprimer.

FRAUDE SUR L'ALCOOL

La fraude sur l'alcool est séduisante pour le marchand de vinaigre peu consciencieux. Il reçoit en franchise l'alcool qui paye 156 fr. 25 de droits de circulation, sans compter ceux d'octroi. Il n'y a donc pas lieu d'être surpris du développement de cette fraude, si onéreuse pour l'État, si préjudiciable pour le commerçant honnête qui ne peut lutter.

Le décret du 11 août 1884, rendu en conformité de la loi du 17 juillet 1875, soumet le fabricant à des prescriptions si nombreuses, si variées, si minutieuses, qu'au premier abord, la fraude paraît impossible.

Tous les fabricants, fraudeurs ou non, savent qu'il n'en est rien.

I

L'examen attentif de cette réglementation montrera son point faible.

Suivant ses prescriptions :

Le fabricant reçoit l'alcool en franchise de droits. Cet alcool *reste en entrepôt dans son usine.*

Chaque fois qu'il veut en dénaturer pour le transformer en vinaigre, il doit en prévenir la régie.

Sous les yeux des employés, l'alcool est étendu d'eau jusqu'à ce qu'il soit réduit à 14 degrés maxima, puis mélangé avec un volume de vinaigre égal à celui de l'alcool pur qu'il contient. Ce mélange constitue les dilutions dénaturées.

En outre, et *cette obligation a la plus grande importance, le fabricant est tenu d'avoir un rendement en acide acétique d'au moins* 75 0/0.

Ce rendement est vérifié par l'évaluation de l'acide contenu dans les vinaigres achevés et la surveillance des vinaigres en cours de route.

Si le rendement obtenu est supérieur, le fabricant doit en faire la déclaration, de manière qu'il lui soit impossible de bénéficier de cet excédent de production en acide acétique.

QUELLE QUANTITÉ D'ALCOOL PEUT-ON DÉTOURNER

tout en obtenant le rendement de 75 0/0 exigé par la régie ?

De la formule chimique de la transformation de l'alcool en vinaigre :

$$C^4H^6O^2 + 4\,O = C^4H^3O^3,HO + 2\,HO$$

et de la densité 0,794 de l'alcool, il résulte que : *un litre* d'alcool produit *un kilogramme* d'acide acétique monahydraté (exactement

1,056 grammes). L'alcool étant toujours exprimé en volume et l'acide en poids, un degré d'alcool (*volume*) correspond à un degré d'acide (*poids*).

Un hectolitre d'alcool pur produit donc 100 kilogr. d'acide acétique.

Dans la fabrication les pertes par évaporation et la très grande difficulté de transformer en acide acétique les derniers centièmes du degré de l'alcool font que le rendement industriel est un peu inférieur au rendement théorique.

Mais, je puis affirmer, sans crainte d'être démenti, qu'aucun vinaigrier n'obtient aujourd'hui moins de 85 0/0 ; beaucoup obtiennent 90 et même 95.

Prenons comme point de départ 90 0/0.

Les 75 kilogrammes d'acide acétique exigés, au lieu d'être produits par 100 litres d'alcool, le seront par 83 lit. 33.

L'industriel peut ainsi mettre de côté, de ce chef, les 16,67 0/0 de l'alcool qu'il reçoit, tout en satisfaisant au rendement exigé.

En réalité, la quantité d'alcool qui peut être détournée est encore plus importante.

Les vinaigres expédiés sont, en général, loin d'avoir le degré porté sur l'acquit ou le congé qui les accompagne.

Presque tous sont vendus comme titrant 8 degrés (1), alors que la plupart ne sont qu'à 7 degrés et au-dessous.

Il en résulte une différence d'au moins 1/8 entre la teneur indiquée et la teneur réelle.

Le fabricant, au lieu de produire les 75 kilogrammes d'acide acétique exigés, n'en produira en réalité que les 7/8 et il n'emploiera que 72 lit. 91 d'alcool au lieu de 1 hectolitre.

Pour ces deux causes, il pourra mettre de côté les 27,19 0/0 de l'alcool qu'il reçoit, tout en ayant observé strictement les règlements au point de vue du rendement.

D'après les renseignements donnés par l'Administration, il a été employé, en 1886 : 50,417 hectolitres d'alcool pour la fabrication du vinaigre. On a donc pu en détourner 13,708 hectolitres qui, au droit de 156 fr. 25, produisent 2,141,375 francs.

---

(1) En 1886, il a été vendu 511,204 hectolitres de vinaigres à 8 degrés et seulement 13,086 hectolitres de 9 à 12 degrés.

En chiffres ronds :

Deux millions cent mille francs,

auxquels il convient d'ajouter les décharges accordées, *pour manquants de fin d'année*, à certains vinaigriers qui prétendent ne pouvoir obtenir le rendement si faible de 75 0/0.

On voit quelle somme énorme l'Etat peut perdre. Quelle est-elle, en réalité ? Il est impossible de le savoir exactement. A coup sûr elle est grande. Que deviendra la fraude lorsqu'elle ne sera plus limitée, ni gênée par le minimum de rendement qui est *supprimé dans le projet de loi ?*

Cette fraude atteindra certainement des proportions inouïes, si le seul obstacle sérieux à l'activité des fraudeurs disparaît avec cette salutaire obligation du rendement de 75 0/0 (1).

PROVENANCE DE L'ALCOOL FRAUDÉ

Cet alcool ne peut être soustrait que des dilutions dénaturées ou de l'alcool laissé en entrepôt.

Peut-il s'en écouler beaucoup de la première source ? Je ne le pense pas et cela pour plusieurs raisons.

Ces dilutions dénaturées ont bien mauvais goût pour être employées telles quelles. Le goût primitif ne peut leur être rendu que par des procédés chimiques vraisemblablement assez coûteux. En outre, elles ont une bien petite valeur et un bien grand volume pour être transportées à l'insu de la régie.

On ne peut en retirer de l'alcool à haut degré qu'au moyen d'appareils de distillation impossibles à dissimuler longtemps.

---

(1) Le règlement de 1884 a restreint la fraude ; avant son application, elle était pour ainsi dire illimitée.

On a vu des vinaigriers n'accuser *que* 50 0/0 *de rendement.*

Beaucoup d'usines avaient été établies dans le but unique de faire la fraude de l'alcool.

En 1883, il en existait 561 ; en 1884, le chiffre atteint 602, et dès 1885, il descend à 474.

Cette diminution rapide tient à ce que ces établissements, mal et hâtivement installés, n'ont pu continuer à faire la fraude *dès qu'on leur a imposé un rendement d'au moins* 75 0/0.

Que l'on ajoute, donc, un volume de vinaigre égal à celui de l'alcool, comme on le fait actuellement, que l'on ajoute trois comme on le propose, que l'on ajoute dix si l'on veut, le résultat sera le même et absolument nul, puisque la fraude de l'alcool ne se fait pas sur les dilutions dénaturées.

On aura, par contre, apporté une grande gêne à la fabrication *et introduit des sels métalliques dans le vinaigre*, les dilutions étant assez acides pour attaquer les appareils dans lesquels on doit les chauffer.

La conclusion à tirer de ces explications est que ce n'est point de ce côté que la loi doit porter ses efforts.

Si donc l'alcool fraudé ne sort pas des dilutions dénaturées, il ne peut provenir que de l'alcool laissé en entrepôt.

En effet, il est beaucoup plus simple et beaucoup plus avantageux de frauder l'alcool tel qu'on le reçoit avant de l'employer en dilutions.

Le fabricant dispose librement dans son entrepôt d'un volume d'alcool aussi grand qu'il le veut et cela d'une façon permanente. Cet alcool, très bon goût, est sans aucune préparation propre à remonter des vins, à faire des liqueurs. Il suffit donc, pour réaliser, au détriment de l'État, un bénéfice de 156 fr. 25, d'en enlever un hectolitre, volume peu considérable pour une somme assez élevée.

COMMENT ON FAIT LA FRAUDE

La surveillance de l'alcool en entrepôt est difficile. Il faudrait, pour qu'elle fût efficace, que les employés, à chaque visite, se rendissent compte du degré et du volume de l'alcool contenu dans chaque fût, opérations longues et minutieuses, et encore n'empêcherait-on pas le genre de fraude connue sous le nom d'*acquits fictifs*.

Cette fraude est simple et impossible à empêcher puisque l'alcool ne circule pas.

Voici le jeu de cette opération :

Le vinaigrier s'entend avec un marchand de vins et liqueurs en gros.

Le marchand de vins achète par exemple 30 hectolitres d'alcool. Il les reçoit par acquit, en entrepôt chez lui, c'est-à-dire sans en avoir acquitté les droits.

Il vend par expéditions régulières 5 hectolitres.

Il emploie, pour fabriquer des liqueurs, remonter des vins naturels ou artificiels, faire des envois en fraude, je suppose 15 hectolitres.

Il ne lui reste plus que 10 hectolitres, tandis que pour la régie il doit lui en rester 25.

Si les employés font le recensement chez le marchand de vins, ils constatent un manquant de 15 hectolitres, font payer les simples droits, et tout est dit.

Mais s'ils ne viennent pas, le marchand de vins dit au vinaigrier, avec qui il s'est entendu :

« J'ai un manquant de 15 hectolitres d'alcool, vous avez détourné la même quantité; je vais prendre un acquit de 15 hectolitres d'alcool que je serai censé vous expédier; aussitôt l'acquit reçu, vous porterez l'alcool en charge, vous sortirez les 15 hectolitres de leur cachette, et je n'aurai plus de manquant.

« La régie peut venir, nous serons tous deux en règle.

« Partageons la fraude soit :

$$156 \text{ fr. } 25 \times 15 = 2{,}343 \text{ fr. } 75$$

Le moyen, on le voit, est ingénieux, la répression impossible, puisque l'alcool ne circule pas.

Les fraudeurs, du reste, ont soin de prendre l'acquit, quand ils sont certains que les employés de la régie, souvent en route pour leur service, sont absents.

Il existe deux catégories de vinaigriers qui peuvent faire la fraude sans l'aide d'un complice, ce qui la rend d'autant plus profitable.

Je veux parler de ceux qui ont un commerce de vins et liqueurs, contigu à leur usine. Rien de plus facile que de passer à l'insu de la régie, les excédents d'alcool d'un local à l'autre.

C'est plus simple encore pour ceux qui exercent ce commerce dans l'intérieur de la vinaigrerie.

On sait que la loi de 1875 l'interdit à tous les fabricants de vinaigre, mais qu'elle le tolère à ceux qui l'exerçaient avant sa promulgation.

I

Un fabricant de vinaigre, sous prétexte de faciliter les écritures des employés de la régie et les siennes, leur avait proposé de dénaturer toujours la même quantité d'alcool à la fois. Cet alcool serait renfermé dans deux demi-muids, toujours les mêmes; leurs contenances furent, une fois pour toutes déterminées, en pesant les fûts vides et pleins d'eau devant les employés; celle de l'un fut trouvée de 625 litres, celle de l'autre de 500 litres. A chaque dénaturation, on était censé dénaturer 1,125 litres d'esprit. Mais le fabricant avait fait clouer à l'intérieur de chaque fût un récipient en caoutchouc occupant la place de 50 litres; de la sorte, il fraudait chaque fois 100 litres d'alcool. Ce moyen hardi réussit pendant des années, jusqu'à ce qu'il vint à l'esprit d'un inspecteur de s'assurer lui-même de la contenance des fûts par un double pesage, avant et après leur soutirage. La différence entre le volume annoncé et le volume réel fut reconnue; on fit défoncer les fûts et le moyen de fraude fut découvert.

Ce fabricant n'avait pas toujours son rendement de 75 0/0 et demandait des décharges, il employait l'alcool détourné dans sa fabrique de raisins secs.

Six mois après que la fraude fut découverte, il fut déclaré en faillite; il ne vivait donc que de la fraude.

II

Un fabricant de vinaigre étant fortement soupçonné de faire la fraude; les employés vérifiaient avec le plus grand soin le degré et le volume de l'alcool employé aux dilutions. Cet alcool était renfermé dans un foudre. En tirant l'alcool pris en haut et celui pris à un robinet en bas, ils trouvaient le même degré, 94 degrés par exemple. Ils en concluaient que tout l'alcool contenu dans le foudre était bien à 94 degrés. Ce n'est qu'après bien des années qu'il vint à l'idée d'un inspecteur de faire agiter le liquide du foudre.

On trouva 35 degrés et on découvrit que le robinet du bas communiquait par un tube intérieur avec la partie supérieure de la cuve contenant de l'alcool sur une hauteur de $0^{m},30$ environ et que sa différence de densité empêchait de se mélanger avec l'eau qui remplissait le reste du foudre.

COMMENT EMPÊCHER LA FRAUDE

Il existe un moyen bien simple, à mon avis, d'empêcher la fraude ou tout au moins sa presque intégralité.

C'est d'exiger que l'alcool soit dénaturé à l'arrivée en présence des employés qui constateront que les fûts sont bien ceux expédiés et qu'ils portent intact un scellé que la régie pourra faire apposer au départ.

Pour plus de sécurité, si l'Administration pense qu'il est dangereux, au point de vue de la fraude, de laisser de l'alcool dénaturé à la libre disposition du fabricant, elle exigera un compte de l'*alcool dénaturé*, tel qu'il est tenu aujourd'hui pour l'*alcool non dénaturé* (1).

De plus, elle obligera les fabricants à prévenir la régie du jour et de l'heure des dilutions de l'alcool dénaturé. Les em-

---

(1) Exemple d'un compte d'alcool dénaturé :

Un fabricant a reçu le 15 janvier 1893 :

10 hectolitres d'esprit à 95°, formant en alcool pur..	9 h.	50
15 — — à 96°, — — ..	14	40
	23	90

Il ajoute.........	23. 90	de vinaigre à 8° pour les dénaturer.
Total du volume.	48. 90	

La proportion d'alcool pur contenu dans l'esprit dénaturé est 48.80 0/0; celle de l'acide 3.91.

La densité du vinaigre à 8° (1.03 environ) étant sensiblement celle de l'eau, l'alcoomètre plongé dans le liquide marquera 48 88.

L'alcool étant un corps neutre comme l'eau, l'acétimètre Salleron indiquera 39 1.

La vérification de l'alcool dénaturé peut donc se faire très vite et très exactement.

Comme l'alcool est presque toujours expédié de 94 degrés à 96 degrés, on pourrait, pour simplifier les calculs, faire ajouter un volume de vinaigre exactement égal à celui de l'esprit reçu.

L'alcool dénaturé devrait avoir, tant en acide qu'en alcool, une teneur moitié moindre que celle de chacun des deux liquides avant leur mélange.

Dans l'exemple choisi, le volume 50 hectolitres, le degré alcoolique 47.80, et le degré acétique 4 constitueraient les charges.

Les sorties seraient les quantités employées à chaque dilution.

Exemple :

15 janvier, dilution à 14° de......	12 h.	à 47.80 0/0	d'alcool et	4 0/0	d'acide.
22 — — 8° de......	16	à 47.80 0/0	—	4 0/0	—
Total............	28	à 47.80 0/0	—	4 0/0	—
Doivent rester...	22	—	—	—	—

ployés devront assister fréquemment à ces dilutions. On pourra compléter ces mesures en saisissant tout alcool non dénaturé et en frappant le délinquant de fortes amendes.

En opérant ainsi, on empêchera la fraude sur l'alcool d'une façon absolue, *même celle faite à l'aide d'acquits fictifs.*

Le service des employés ne sera pas augmenté ; car s'ils sont obligés d'assister à la dénaturation de l'alcool dès sa réception, opération qui n'aura lieu qu'à des intervalles éloignés, il ne sera pas indispensable, pour empêcher la fraude, qu'ils assistent à toutes les dilutions de ces alcools dénaturés.

En résumé, *pour supprimer toute fraude sur l'alcool,* il suffirait de modifier simplement la réglementation actuelle en y ajoutant les articles suivants :

I. Le rendement en acide acétique sera porté de 75 0/0 à 85 0/0.

II. *Le jour même* de l'introduction de l'alcool dans l'établissement, le fabricant sera tenu d'en faire la déclaration à l'administration, qui, *dès qu'elle le voudra,* mais au plus tard dans les vingt-quatre heures, devra faire opérer la dénaturation de cet alcool, en présence des employés de la régie, au moyen du procédé ci-après :

Addition pour 100 litres d'alcool de 100 litres de vinaigre titrant au moins 7 degrés (ou bien addition pour 100 litres d'esprit, de 100 litres de vinaigre).

Les fûts présentés devront être ceux expédiés par le distillateur et porter un scellé, que la régie aura fait apposer au départ.

Il sera en outre tenu un compte d'alcool dénaturé tel qu'il est tenu aujourd'hui pour l'alcool non dénaturé.

Les déclarations de dilutions d'alcool dénaturé devront être faites par écrit, au bureau des contributions indirectes, vingt-quatre heures au moins à l'avance dans les villes, quarante-huit heures dans les campagnes.

Tout alcool non dénaturé trouvé dans l'usine sera saisi et le fabricant passible d'une amende de 5,000 francs. En cas de récidive, l'amende sera doublée et l'usine fermée pour une période de six mois.

DROITS SUR LES VINAIGRES

De cette façon, les droits sur les vinaigres d'alcool continueront à être perçus à la consommation tels qu'ils le sont aujourd'hui.

Il n'y aurait pas lieu, non plus, de modifier en quoi que ce soit la réglementation actuelle des vins destinés à être transformés en vinaigre.

On continuerait à percevoir les droits sur les vinaigres de vin, comme sur les vinaigres d'alcool.

La suppression de l'impôt sur les vinaigres de vin serait très préjudiciable aux fabricants de vinaigre d'alcool, et ils sont nombreux.

Les neuf dixièmes des vinaigres consommés sont des vinaigres d'alcool (1).

Il n'y a aucune raison pour exonérer d'impôt les vinaigres de vin, vinaigres de luxe, consommés par la classe riche et qui rapportent annuellement 350 à 400,000 francs.

De même, il ne serait pas juste de doubler les droits sur les vinaigres d'alcool consommés surtout par la classe ouvrière si nombreuse et si intéressante.

Le vinaigre est déjà frappé d'un droit relativement considérable (0.05 cent. par litre plus les droits d'octroi).

On est habitué à payer 1 sou par litre. Que de protestations ne soulèverait-on pas en en faisant payer 2 !

I

Avec les moyens que j'ai proposés, la fraude étant presque impossible, les revenus que l'État en retirera seront bien plus considérables, à mon avis, qu'ils ne peuvent l'être avec le projet de loi proposé, car celui ci, non seulement ne limite plus la fraude, mais la favorise.

---

(1) En 1886, il a été vendu 524,290 hectolitres de vinaigre et on n'a transformé en vinaigre que 73,489 hectolitres de vin.

UN DERNIER MOT

La fraude sur l'alcool ne porte pas seulement un grave préjudice aux finances de l'État et au fabricant honnête; elle est la cause unique de ces produits vendus à vil prix sous le nom de vinaigres d'alcool 8 degrés, produits essentiellement malsains et qui ne sont autre chose que des acides pyroligneux auxquels le fraudeur ne craint pas d'ajouter quelquefois des acides minéraux. On les offre (fait bien connu par la régie et qui se passe de tout commentaire) au prix de 2 francs l'hectolitre rendu à domicile! On les offre même pour rien!

Pour peu que la fraude augmente, on verrait le fabricant payer l'épicier pour qu'il lui prenne son vinaigre!

En supprimant la fraude sur l'alcool, on supprimera du même coup ces soi-disant vinaigres qui sont de véritables poisons!

Joinville, le 27 octobre 1894.

PARIS. — IMPRIMERIE NOUVELLE (ASSOCIATION OUVRIÈRE), 11, RUE CADET.
A. MANGEOT, DIRECTEUR. — 2002-94

CONTINUUS LABOR VITA
FIAT LUX
IMPRIMERIE NOUVELLE

www.ingramcontent.com/pod-product-compliance
Ingram Content Group UK Ltd.
Pitfield, Milton Keynes, MK11 3LW, UK
UKHW020503220726
13923UKWH00006B/2728